MOOMIN

ムーミン
100枚レターブック

トーベ・ヤンソンと ムーミン誕生の物語

Tove Jansson's life and the Moomin

生まれながらの芸術家トーベ

トーベ・ヤンソンは、1914年8月9日フィンランドの首都ヘルシンキで、彫刻家の父ヴィクトル・ヤンソンと、グラフィックアーティストの母、シグネ・ハンマルステン・ヤンソンの元に生まれました。
父のヴィクトルは、トーベの幼少時代からすでにフィンランドでは著名な彫刻家でした。収入は安定していなかったため、母のシグネがイラストレーター兼、商業デザイナーとして生計を助けていました。しっかり者の妻と、思いのままに芸術を追求する夫の姿は、どこかムーミンママとムーミンパパを想起させます。
小さい頃から呼吸をするように芸術に親しんで育ったトーベは、芸術家を天命と考えていたようです。
トーベがキャリアをスタートさせたのは、わずか14歳でした。母の代理として雑誌の挿絵を描いたことがきっかけでしたが、次第に創作に夢中になり、表紙や物語までも手がけるようになります。10代後半では、ストックホルム工芸専門学校で広告やデザインを、帰国後は、ヘルシンキにあるフィンランド芸術協会の美術学校（通称アテネウム）で絵画を学び、後にフランスやイタリアでも絵画技術を習得し、芸術家への道を歩み始めます。

ムーミンのはじまりのはじまり

学校に不自由を感じ自主退学したトーベは、ストックホルムの工芸専門学校で学び始めます。工芸専門学校時代は、ストックホルムに暮らす叔父エイナルの家に居候をしていました。夜中に台所でつまみ食をしたところ「レンジ台のうしろには、ムーミントロールといういきものがいるぞ。こいつらは首筋に息を吹きかけるんだ。」とエイナル叔父さんに言われたことが絵日記に残されています。

ムーミン小説第1作『小さなトロールと大きな洪水』
1945年初版

家族と離れ、少々遠慮がちに親戚の家に暮らしていた少女の心に、深く印象付けられた出来事だったようです。
また、10代の頃に上の弟ペル・ウーロフと哲学について議論をし、言い負かされた悔しさから、弟を鼻の長い醜いいきものとして、別荘のトイレに落書きしました。その醜い生き物は、なぜかトーベの心に残ったようで、画家として身を立てようとしていた20代の頃にも、それとよく似た生き物を度々作品に登場させました。
1939年に第二次世界大戦が始まり、フィンランドもソ連の侵略により、次第に戦争に巻き込まれて行きました。戦争に強く反発していたトーベは、15歳からイラストを描いていた政治風刺雑誌『ガルム』に独裁者たちを痛烈に笑いのめす絵を描き、イラストに添えた実名のサインの横に、あの鼻の長い生き物が顔をのぞかせるようになります。いつも怒っているか困っているようなその生き物は、まるで戦争に抗うトーベの分身のようでした。トーベがムーミンの物語を書き始めたのは、そんなさなかのことでした。

戦争の終わりとムーミン物語のはじまり

1945年、長かった戦争が終わり、戦後の混乱の中でムーミンシリーズの第一作『小さなトロールと大きな洪水』が出版されました。それは、粗末な装丁で、表紙を入れても48ページしかない小冊子でした。しかしその序文には、戦争が終わって創作に胸を躍らせるトーベの嬉しさが、ストレートに表現されていました。

1939年、戦争の冬のことです。仕事はぱたりといきづまり、絵をかこうとしてもしかたがないと感じていました。
「むかしむかし、あるところに」という出だしではじまる物語を書こうと思ったのも、むりのないことかもしれません。でも、

小説第２作『彗星追跡』1946年初版。1956年に『彗星を追うムーミントロール』、1968年に『ムーミン谷の彗星』として大幅に改稿

小説第３作『たのしいムーミン一家』1948年初版。初めて英訳され、イギリスで販売された

小説第４作『ムーミンパパの手柄話』1950年初版。1968年に『ムーミンパパの思い出』として改稿

王子さまや、王女さまや、小さな子どもたちを登場させることはやめて、そのかわりに、風刺まんがをかくときサインがわりにつかっていた、怒った顔をしたいきものを主人公にして、ムーミントロールという名前をつけました。

とちゅうまで書いた物語は、1945年になるまで、そのままほったらかしになっていました。ところが、ある友だちがこう言ったのです。これは子どもの本になるかもしれない。書きあげて、さし絵をつければ、出版できるかもしれないよ、と。

頭をひねったあげく、本のタイトルは、「パパをさがすムーミントロール」――「キャプテン・グラント」の探求物語がモデル――のようなものにしたかったのですが、出版社は「小さなトロール」を入れたほうがいいと言いました。そのほうが読者にわかりやすいというのです。

この物語は、わたしが読んで好きだった、子どもの本の影響をうけています。たとえばジュール・ヴェルヌやコローディ（青い髪の少女）などが、ちょっぴりずつ入っています。でも、それがいけないということはありませんよね？

とにかく、これはわたしがはじめて書いた、ハッピーエンドのお話なのです！

トーベ・ヤンソン　冨原眞弓訳
（講談社ムーミン全集［新版］⑨『小さなトロールと大きな洪水』 作者序文より）

イギリスへ、そして世界へ

この第一作は、商業的には成功とは言えず、後にトーベの意向で再販される1991年まで、幻の作品となりました。それでもトーベは、画業の傍こつこつと執筆を続け、次々に続編を発表していきました。

1948年、第三作となる『たのしいムーミン一家』は、フィンランドと隣国のスウェーデンで大きな評判となり、イギ

ムーミン・コミックス1巻より

リスでも発売されます。いくつもの偶然に助けられながらの出版でしたが、北欧の小国からきた奇妙ないきものの話は、目の肥えたイギリスの読者たちの心を掴み、思いがけない大ヒットとなりました。1954年、書籍人気をきっかけに、当時世界最大の発行部数を誇ったロンドンの夕刊紙「イブニング・ニュース」で漫画の連載が始まります。ムーミンの人気を決定づける出来事であり、スウェーデン・デンマーク、そして母国のフィンランドの新聞でも連載され、最盛期には40カ国、120紙に転載されました。漫画で火がついたムーミンの人気はオリジナルの児童文学シリーズにも波及し、次々に各国語に翻訳され、ヨーロッパ中で人気となり、同時に高い評価を獲得していきました。トーベは、児童文学作家として、国際的な名声を不動のものにしたのでした。

「冬」との出会い

一方で、過熱するムーミン ブームは、トーベから絵画制作の時間を奪い、代わりに締切りやプレッシャー、山のような契約書やキャラクターグッズなどの監修、打ち合わせに次ぐ打ち合わせ、メディアからのインタビューに疲弊し、ついにはムーミンを憎むようにさえなりました。そんな頃に出会ったのが、後半生のパートナーとなるグラフィックアーティストのトゥーリッキ・ピエティラでした。

トーベは、トゥーリッキとの交際によって、自分が倦み疲れきっていた見知らぬ世界、自分が有名人であり、自分の書くものに何百万人もの読者がいる世界にどのように向き合うべきかについて、大きな示唆を得ました。この体験をそのままムーミンの世界に置き換えて書かれたのが、冬眠するムーミントロールが、全く見知らぬ世界である「冬」と初めて向き合う姿を描いた『ムーミン谷の冬』です。

小説第6作『ムーミン谷の冬』1957年初版

『ムーミン谷の冬』に描かれたムーミントロールとトゥーティッキ

私が新聞連載の締め切りやら印税のことやらに、いくらがんばっても、いつも苦しめられるように、冬に散々な目に遭わされるムーミントロール。難しいだろうけど、そんな風に書いてみなさいよ、とトゥーティ（筆者注:トゥーリッキの愛称）が言ったのです。物語はムーミントロールが自己を解き放ち、ある意味自分の顔を獲得するという作品になったのでした。

ボエル・ウェスティン／畑中麻紀・森下圭子訳
2014　講談社「トーベ・ヤンソン－仕事、愛、ムーミン－」P381

こうして作風を一新した第6作『ムーミン谷の冬』は1957年に出版され、ムーミンの新刊を待つ子どもたちから熱狂的に迎えられただけでなく、それまで以上に高い芸術的評価を得て、フィンランドとスウェーデンで多くの文学賞と、挿絵に対しての美術賞を受賞しました。もはやムーミンは単なる児童文学でも漫画でもなく、文学、美術、哲学、言論、精神医学など様々な分野からの注目を集める存在になったのです。

母との別れとムーミン小説のおわり

1959年、トーベは連載漫画の仕事を末弟のラルスに引き継ぎ、念願だった絵画制作のための時間を手に入れました。1964年には、沖合の孤島クルーヴハルに小屋を立てはじめ、その年からトゥーリッキと二人で、夏の数ヶ月を世間から隔絶された環境で、芸術に没頭して過ごすようになります。画家トーベ・ヤンソンは、‘60年代だけでも5度の個展を開催しています。
そんな中でもムーミンシリーズの執筆は続きました。1962年にはシリーズ唯一の短篇集である第7作『ムーミン谷の

小説第８作『ムーミンパパ海へいく』
1965年初版

小説第９作『ムーミン谷の十一月』
1970年初版

仲間たち』、1965年には、パパの発案で移住した灯台のある島で、ムーミン一家がアイデンティティの危機を迎える第8作『ムーミンパパ海へいく』を出版。トーベとシリーズへの評価はますます高まり、1966年にはついに、児童文学における最高の栄誉とされる国際アンデルセン賞を受賞します。

1970年、『ムーミンパパ海へ行く』と対をなす第9作『ムーミン谷の十一月』の原稿を書き上げ、あとは挿絵の制作を残すのみとなっていた時、トーベに大きな影響を与え続けた母シグネが他界しました。トーベが受けたショックは計り知れないほど大きなもので、しばらくは母の名前を口にすることすらできなくなったといいます。

『ムーミン谷の十一月』は、母との別れを予感していたかのように、ムーミン一家の不在が描かれる物語です。それぞれに問題を抱え、一家を頼ってムーミンやしきに集まった人々が、その不在に途方に暮れつつも、帰りを待ちながら奇妙な共同生活を送ります。その過程で、彼らの問題は思いもよらない形で解決していきます。物語は最後に、ムーミン一家の帰還を予感させ、希望とともに終わるのです。

大きな悲しみの中で、それでもトーベは『ムーミン谷の十一月』を完成させました。そして同時に、ムーミンの小説シリーズの完結を宣言しました。以後、トーベは作家としてのフィールドを大人向けの一般小説に移すことになります。'70年代から'80年代にかけてコンスタントに作品を発表し、1982年にはこれらの作品により（『ムーミン谷の仲間たち』『ムーミン谷の十一月』に次ぐ三度目の）フィンランド国民文学賞を受賞しています。

アート、人生、仕事、そして愛

小説シリーズの終わりは、ムーミン物語の終わりではありませんでした。トーベ自身がその後に絵本を2冊著したの

ヘルシンキの百貨店Stockmannのために描かれた作品。左「Snufkin playing music／Easter」 右「Happy Easter!」

に加え、舞台、オペラ、実写テレビシリーズ、パペットアニメーション、そして日本で制作されたアニメ、美術館、テーマパークにまでその世界は広がっていき、トーベはそのどれにも精力的に関わりました。

1991年、体力の衰えから77歳でクルーヴハルから引き上げますが、その後もヘルシンキのアトリエで執筆活動を続けました。最後の小説、短篇集「メッセージ」を発表したのは1998年。その3年後に86歳で天寿を全うするまで、筆を置くことはありませんでした。

トーベはその長く並外れたキャリアを通じて、とても一人の仕事とは思えない幅と量の作品を遺しました。油彩画家であり、フレスコ画家であり、イラストレーター、風刺画家、児童文学作家、漫画家、絵本作家、作詞家、舞台美術家、商業デザイナー、映像作家、そして小説家でもあった彼女の人生は、どんな時でもまず仕事ありきだったといいます。でもその仕事は日々の生活の中から生まれました。家族、友達、愛した人々と、彼女が経験した出来事が、時には明示的に時には暗示的に、あらゆる作品に現れています。彼女にとって、グラフィックアートと文学、芸術と人生、仕事と愛の間に境界線はなく、すべてはひとつだったのです。

出典：ムーミン公式サイト

ムーミン
100枚レターブック

2024年4月23日 初版第1刷発行
2024年6月6日　　第2刷発行

デザイン　セキユリヲ
編集　高橋かおる

発行人　三芳寛要
発行元　株式会社パイ インターナショナル
〒170-0005　東京都豊島区南大塚 2-32-4
TEL 03-3944-3981　FAX 03-5395-4830
sales@pie.co.jp

印刷・製本　図書印刷株式会社

ISBN978-4-7562-5848-9 C0070
Printed in Japan

・ページをしっかり開き、ゆっくり引っ張るとよりきれいにはがれます。
・筆記用具によっては、インクがにじむことがあります。

「100枚レターブック」特設サイトでレターブックの取扱店舗一覧、使い方を紹介した連載などをご覧いただけます。最新情報をお届けするメルマガもぜひご登録ください。

「100枚レターブック」は株式会社パイ インターナショナルの登録商標です。[登録商標第5921106号]

著作物の利用に関するお問い合わせはこちらをご覧ください。 https://pie.co.jp/contact/

Moomin 100 Writing and Crafting Papers

PIE International Inc.
2-32-4 Minami-Otsuka, Toshima-ku, Tokyo 170-0005 JAPAN
international@pie.co.jp
www.pie.co.jp/english

ISBN978-4-7562-5909-7 (Outside Japan)
Printed in Japan

©MC™

©MC™

©MC™

©MC™

©MC™

©MC™

©MC™

©MC™

©MC™

©MC™

TO

FROM

©MC™

©MC™

©MC™

©MC™

jam
jam
©MC™

TO
FROM
©MC™

©MC™

©MC

MY HERO! HOW STRONG YOU ARE!
WELL, MMM–THAT WAS NOTHING... SNORKMAIDEN
©MC™

WATER
©MC™

THERE'S SOME-
BODY IN OUR
HOUSE!!!

©MC™

SNIFF SHALL NOT STAND BETWEEN ME AND MY LOVED ONE!

To my darling!

We give a new House to Moomin, the liberator!

...THREE!

©MC™

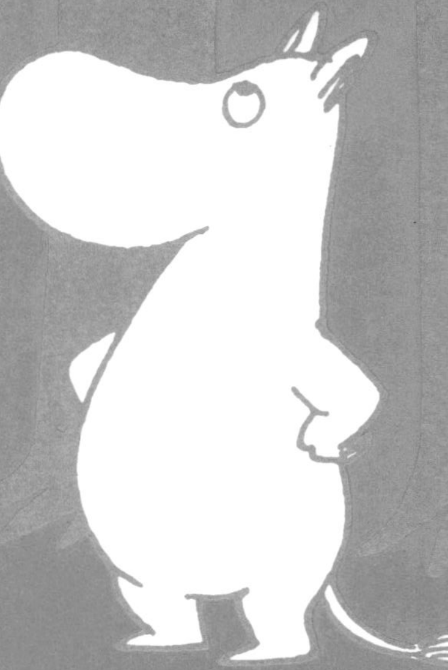

©MC™

WELCOME HOME!

JUST IMAGINE IF I'M IN LOVE.. JUST IMAGINE...

S M

MOOMIN

MOOMIN

MOOMIN

MOOMIN

MOOMIN

WHAT'S THIS?
IT'S ME, MOOMIN, TRYING TO STAND ON MY HEAD!
THANK GOODNESS - HERE COMES SNIFF!
OH, SNIFF! I HAVE 15 GUESTS AND RELATIONS IN MY HOUSE! IT HAS GIVEN ME AN AWFUL HEADACHE!
POOR LAD!

HURRY! THEY'RE COMING!
63
NOW WE HAVE SOME CAPITAL, AND WE CAN GET EVEN RICHER IF WE PLAY OUR CARDS WELL.
YOU DON'T SAY..

WITH THIS MONEY WE WILL START A BANK. DO YOU UNDERSTAND?
NO, SNIFF
HULLO, I'M SNUFKIN. WHO'S TALKING OF STARTING A BANK?
BANKS ARE SO UNEXCITING AND POMPOUS. I'VE GOT A BETTER IDEA!

COME DOWN, I'LL TELL YOU MY IDEA.
WHY DON'T YOU PLANT A FRUIT ORCHARD WITH YOUR MONEY?
APPLES, ORANGES, PEARS, CHERRIES, PLUMS, YOU'LL SEE!
OH SNIFF, LET'S BUY THE SEEDS AT ONCE!
HMMM...

I WONDER IF ONE GETS RICH ON AN ORCHARD?
SURE... AND HAPPY!
WE WANT MIXED SEEDS, PLEASE!
MIXED SEEDS

A LITTLE BIT FURTHER!
MIXED SEEDS

GO!

BACK TO NATURE!
WE ONLY LIVE ONCE!
ALL RESPONSIBILITIES ARE ONLY A NUISANCE.
AGATHA CHRISTIE

I'VE NEVER HAD A LIPSTICK BE- FORE IN MY LIFE!
SHOULD PUT IT A LITTLE HIGHER UP...
VERY NATURAL, EITHER...
BEAUTIFUL WITHOUT ANY, AFTER ALL...

SNORK-MAIDEN, WHERE ARE YOU?
WHAT ON EARTH IS THAT?
DON'T YOU FEEL WELL?
HOW DO YOU LIKE MY NEW SEVEN GUINEA BIKINI?

BUT, DARLING, YOU CAN'T WEAR THAT ON THE BEACH!
IT'S THE DE MOOMINS WHO HAVE THE ROYAL SUITE AT THE HOTEL.
WHO'S SHE?
HIYA, HONEY, HAVEN'T WE MET BEFORE?
YES, BUT THEN I DIDN'T HAVE A BIKINI....

MAMMA! SNORK-MAIDEN HAS GONE SWIM- MING WITH A STRANGE MAN!
YES, DARLING, I BEGIN TO THINK THIS BEACH-LIFE IS BAD FOR OUR MORALS.
PAPPA CAN'T TAKE IT, EITHER. COME, LET US SIT HERE AND CALM DOWN.

WELL, MOOMIN, ARE YOU A COWARDLY WEAKLING?
KNEES TOGETHER! LEAN FORWARD!

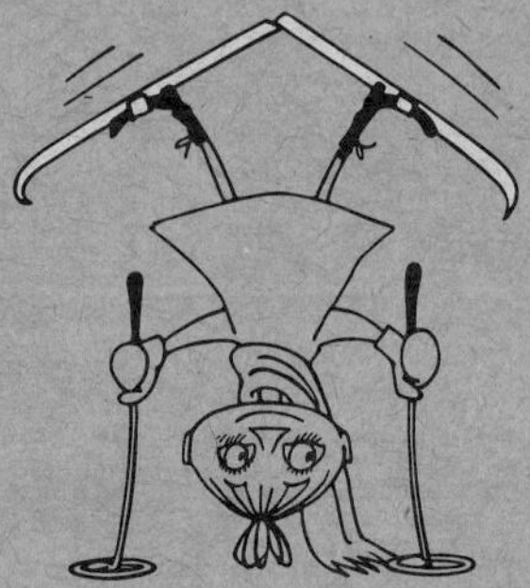

©MC™

©MC™

©MC™

©MC™

©MC™

©MC™

©MC™

©MC™

©MC™

©MC™

TO
FROM

©MC™

©MC™

©MC™

©MC™

jam
jam
©MC™

TO

FROM

©MC™

©MC™

MY HERO! HOW STRONG YOU ARE!
WELL, MMM—THAT WAS NOTHING... SNORKMAIDEN
©MC™

WATER
©MC™

THERE'S SOME-BODY IN OUR HOUSE!!!

©MC™

SNIFF SHALL NOT STAND BETWEEN ME AND MY LOVED ONE!

To my darling!

We give a new House to Moomin, the liberator!

...THREE!

©MC™

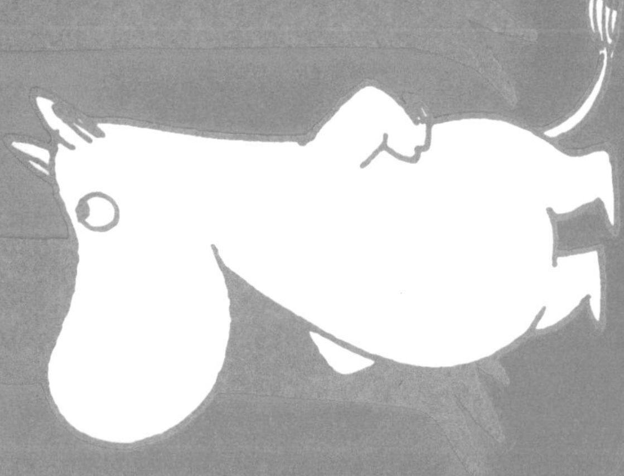

©MC™

WELCOME HOME!

JUST IMAGINE IF I'M IN LOVE.. JUST IMAGINE...

S M

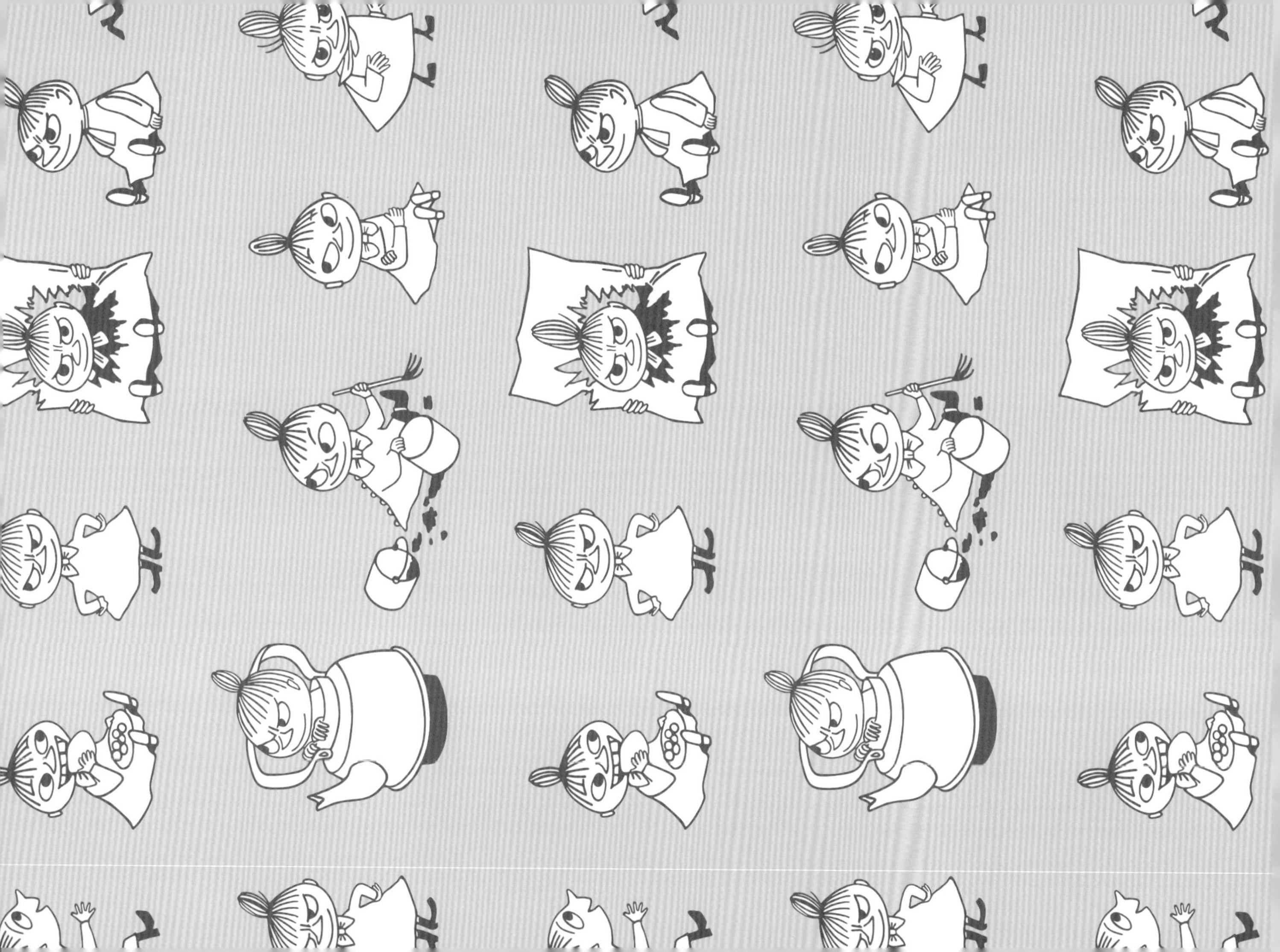

MOOMIN

MOOMIN

MOOMIN

MOOMIN

WHAT'S THIS?
IT'S ME, MOOMIN, TRYING TO STAND ON MY HEAD!
THANK GOODNESS – HERE COMES SNIFF!
OH, SNIFF! I HAVE 15 GUESTS AND RELATIONS IN MY HOUSE! IT HAS GIVEN ME AN AWFUL HEADACHE!
POOR LAD!

HURRY! THEY'RE COMING!
63
NOW WE HAVE SOME CAPITAL. AND WE CAN GET EVEN RICHER IF WE PLAY OUR CARDS WELL.
YOU DON'T SAY..

WITH THIS MONEY WE WILL START A BANK. DO YOU UNDERSTAND?
NO, SNIFF
HULLO, I'M SNUFKIN. WHO'S TALKING OF STARTING A BANK?
BANKS ARE SO UNEXCITING AND POMPOUS. I'VE GOT A BETTER IDEA!

COME DOWN, I'LL TELL YOU MY IDEA.
WHY DON'T YOU PLANT A FRUIT ORCHARD WITH YOUR MONEY?
APPLES, ORANGES, PEARS, CHERRIES, PLUMS, YOU'LL SEE!
OH SNIFF, LET'S BUY THE SEEDS AT ONCE!
HMMM...

I WONDER IF ONE GETS RICH ON AN ORCHARD?
SURE... AND HAPPY!
WE WANT MIXED SEEDS, PLEASE!
MIXED SEEDS
A LITTLE BIT FURTHER!
MIXED SEEDS

GO!

BACK TO NATURE!
WE ONLY LIVE ONCE!
ALL RESPONSIBILITIES ARE ONLY A NUISANCE.
AGATHA CHRISTIE

I'VE NEVER HAD A LIPSTICK BEFORE IN MY LIFE!
SHOULD PUT IT A LITTLE HIGHER UP...
VERY NATURAL, EITHER...
BEAUTIFUL WITHOUT ANY, AFTER ALL...

WELL, MOOMIN, ARE YOU A COWARDLY WEAKLING?
KNEES TOGETHER! LEAN FORWARD!

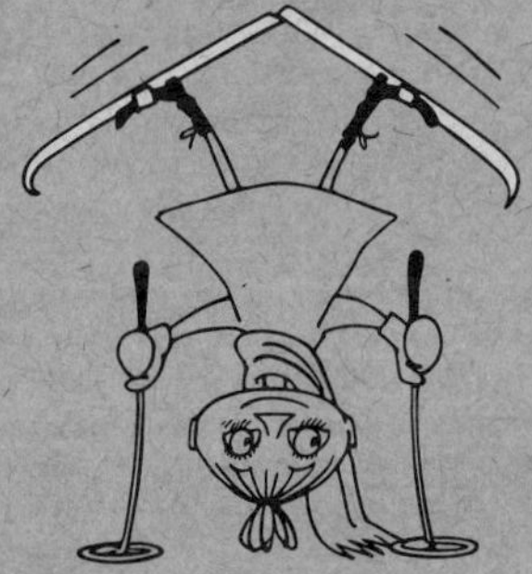

OH!
from your moomin!
from your faithful boy friend!

©MC™